MÉTHODE
DE LECTURE
EN 20 LEÇONS,

DONT LE SUCCÈS EST TOUJOURS CERTAIN.

PAR M. DECHÊNE.

Prix : **1** fr. **25** cent.

A SAINT-ÉTIENNE,
CHEZ L'AUTEUR, GRANDE RUE SAINT-JACQUES, 26.
A LYON,
CHEZ J.-B. PÉLAGAUD ET Cie, IMPRIMEURS-LIBRAIRES, GRANDE RUE MERCIÈRE, 26;
ET CHEZ MM. BRUN ET Cie, LIBRAIRIE DES ÉCOLES, PETITE RUE MERCIÈRE, 7.

MÉTHODE
DE LECTURE
EN 20 LEÇONS,

DONT LE SUCCÈS EST TOUJOURS CERTAIN.

PAR M. DECHÈNE.

Prix : **1** fr. **25** cent.

A SAINT-ÉTIENNE,
CHEZ L'AUTEUR, GRANDE RUE SAINT-JACQUES, 26.
A LYON,
CHEZ J.-B. PÉLAGAUD ET Cie, IMPRIMEURS - LIBRAIRES, GRANDE RUE MERCIÈRE, 26;
ET CHEZ MM. BRUN ET Cie, LIBRAIRIE DES ÉCOLES, PETITE RUE MERCIÈRE, 7.
1849.

AU LECTEUR.

Les nombreuses Méthodes qui ont paru jusqu'à ce jour, et dont plusieurs sont bien recommandables, m'auraient détourné de publier la mienne, si je n'avais été convaincu de sa grande supériorité. Je la présente aux Maîtres, avec la certitude qu'ils abrégeront les peines des enfants et le temps qu'ils mettent pour apprendre à lire. Par elle, la partie la plus fastidieuse de l'enseignement leur deviendra un amusement aussi bien qu'à leurs Elèves.

Pour appuyer ce que je viens de dire, je citerai un exemple entre cent, ainsi que le rapport qui a été fait à la Société pour l'Instruction élémentaire de Paris et la lettre que j'ai eu l'honneur de recevoir, à son sujet, de M. le Secrétaire général de cette Société.

Le citoyen CHABERT, à l'Hôtel des Invalides, 12me division, salle Vendôme, a appris à lire en huit jours ; le procès-verbal en est signé par cinquante personnes.

Cette Méthode intéresse autant qu'elle est utile ; les différentes couleurs dont sont peints les cloches et les marteaux des deux premiers tableaux, attirent constamment les regards des Elèves ; et, à mon avis, c'est un grand point.

DECHÊNE.

Rapport sur la Méthode de M. DECHÊNE, Instituteur à St-Etienne, par M. Arsène MEUNIER.

MESSIEURS,

La Méthode que vous m'avez chargé d'examiner, renferme cinq tableaux, savoir : 1° deux tableaux contenant les signes représentatifs des sons et des articulations ; 2° trois tableaux contenant des phrases. Vous voyez qu'il serait difficile de trouver une Méthode de lecture aussi peu compliquée, à moins que ce ne fût celle de M. Laffore, qui consiste tout simplement dans l'Alphabet.

Ce n'est pas le seul rapprochement qui existe entre la Méthode de l'avocat d'Agen et celle de l'instituteur de St-Etienne; le premier avait imaginé d'appeler les voyelles Cloches, et les consonnes Marteaux; le second a imaginé de renfermer les voyelles dans des figures représentant des cloches, et les consonnes dans des figures représentant des marteaux. Les figures représentant des cloches sont de diverses couleurs; chaque ordre de voyelles a sa couleur particulière : ainsi, tous les signes du son è sont enveloppés dans des cloches rouges, tous les signes du son *an* le sont dans des cloches jaunes, etc. Cela a pour but de faire retenir les valeurs des différents signes de sons. C'est un moyen mnémotechnique. Il était inutile de recourir au même procédé pour les consonnes, mais l'Auteur a eu une autre idée, ç'a été de les faire imprimer séparément sur de petits cartons détachés, toujours enveloppés dans leurs marteaux, comme dans le tableau n° 1 où elles sont toutes réunies. Quant aux trois tableaux de phrases, ils n'ont rien de particulier. Seulement, dans le premier, les syllabes de chaque mot sont séparées par un tiret. Au reste, ces tableaux ne sont pas indispensables à la Méthode;

le Maître ne s'en sert que pour constater les progrès qu'il a fait faire aux Elèves, au moyen des deux tableaux précédents.

Vous connaissez maintenant, Messieurs, aussi bien que moi, l'Ouvrage dont je viens de vous donner l'analyse, et vous devinez facilement le bon emploi qu'il peut en être fait pour enseigner à lire. D'abord, à l'aide des différentes couleurs dont sont peintes les cloches, l'Elève distingue les différentes sortes de voyelles, et comme toutes les voyelles de valeur équivalente ont la même couleur, cette similitude guide la mémoire. Ensuite, à l'aide des marteaux mobiles que le Maître présente devant chaque catégorie de cloches, l'Elève apprend à combiner les consonnes avec les voyelles et arrive à connaître toutes les voyelles qu'il est possible de former avec les unes et les autres. Enfin, à l'aide des trois tableaux de phrases, l'Elève est arrivé à distinguer les syllabes dans les mots et à les saisir plus rapidement jusqu'à ce qu'il parvienne à la lecture courante.

Deux Instituteurs, dignes de confiance, m'ont assuré qu'ils ont obtenu des résultats très-satisfaisants de l'emploi de cette Méthode, et je suis assuré que tout Instituteur peut en tirer le meilleur parti.

En conséquence, Messieurs, j'ai l'honneur de vous proposer : 1° de reconnaître que les Maîtres peuvent puiser dans le travail de M. DECHÈNE ce qu'il faut pour apprendre à lire rapidement; 2° d'écrire à l'Auteur une lettre de remerciment; 3° de donner à son Ouvrage une place honorable dans la Bibliothèque de la Société.

Les conclusions du rapporteur ont été adoptées dans la séance du 15 novembre 1848.

Le Secrétaire général,
GODART DE SAPONAY.

Paris, le 16 novembre 1848.

Lettre à l'Auteur de la Méthode.

MONSIEUR,

J'ai l'honneur de vous informer que, sur le rapport qui lui a été fait par un Membre du Comité des Méthodes, le Conseil pour l'Instruction élémentaire a ordonné le dépôt dans sa

Bibliothèque de la Méthode de lecture que vous avez bien voulu présenter à son appréciation, après avoir reconnu que les Maîtres peuvent puiser dans cette Méthode le moyen d'apprendre à lire promptement. Le Conseil vous a, en outre, voté des remerciments pour la communication de votre estimable travail qui témoigne du zèle dont vous êtes animé, et de vos louables efforts pour faciliter l'étude de la lecture aux jeunes Elèves de nos Ecoles.

Je suis heureux, Monsieur, d'être, en cette circonstance, l'interprète des sentiments du Conseil, et vous prie d'agréer l'assurance de ma considération distinguée.

Le Secrétaire général,
GODART DE SAPONAY.

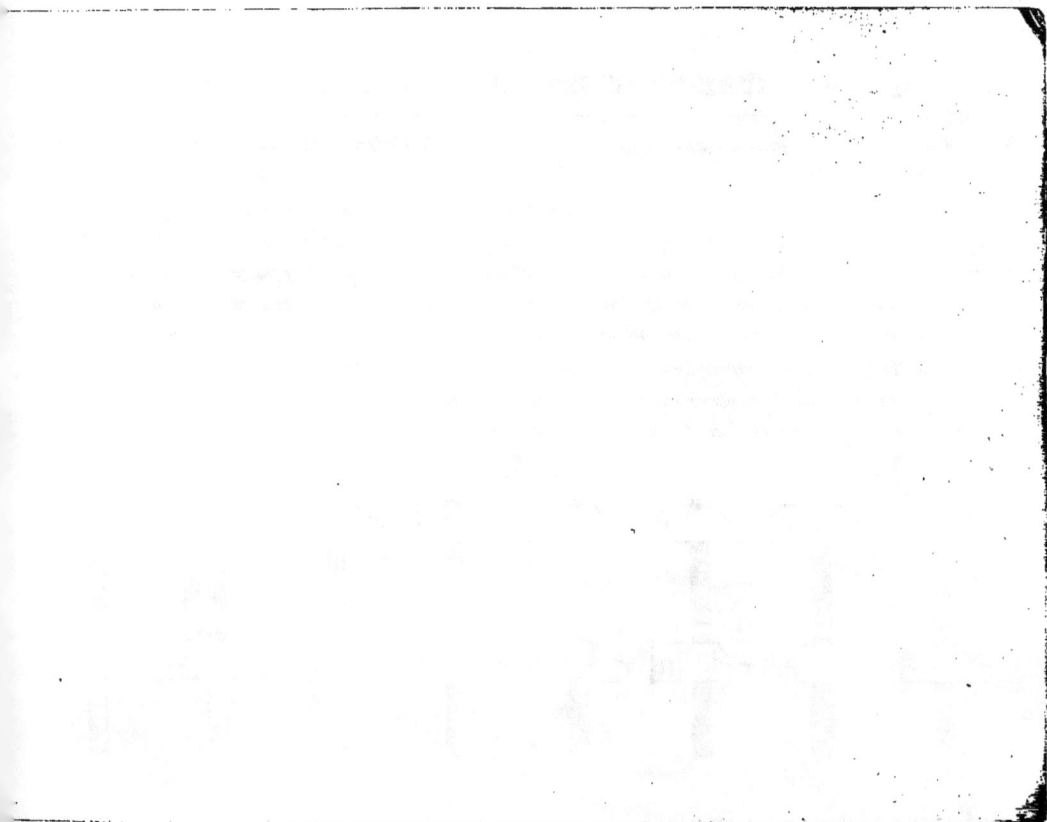

MANIÈRE DE SE SERVIR DE CETTE MÉTHODE.

Quand les élèves auront appris le nom des marteaux du 1ᵉʳ tableau en prononçant b, c, d, f, etc, ils apprendront le son des cloches du 2ᵐᵉ tableau. Le Maître ou Moniteur s'étant assuré par l'exercice au bas des tableaux que les élèves connaissent parfaitement le nom des marteaux et le son des cloches, il fera placer devant la première cloche le marteau b, comme pour frapper une cloche de laquelle il sortirait un vrai son, en disant bé et présentant le même marteau devant toutes les cloches il obtiendra tous les sons qu'on peut former avec ce marteau ; on en fera autant avec les autres marteaux et on aura obtenu tous les sons qui sont dans nôtre idiome.

On passera au 3ᵐᵉ tableau des mots syllabes pour exercer l'élève à la lecture courante du 4ᵐᵉ tableau.

Nota: Le Maître doit faire comprendre aux élèves que le c se prononce ce devant les lettres e et i et le g ge devant les mêmes lettres, qu'une cloche placeé la première d'un mot, doit sonner seule, exemple, ami, et accompagnée de deux marteaux elle sonnera avec celui qui la suit, exemple, arbre.

1ᵉʳ TABLEAU.

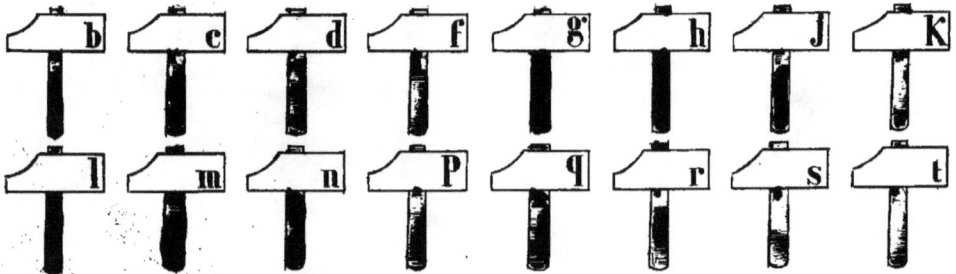

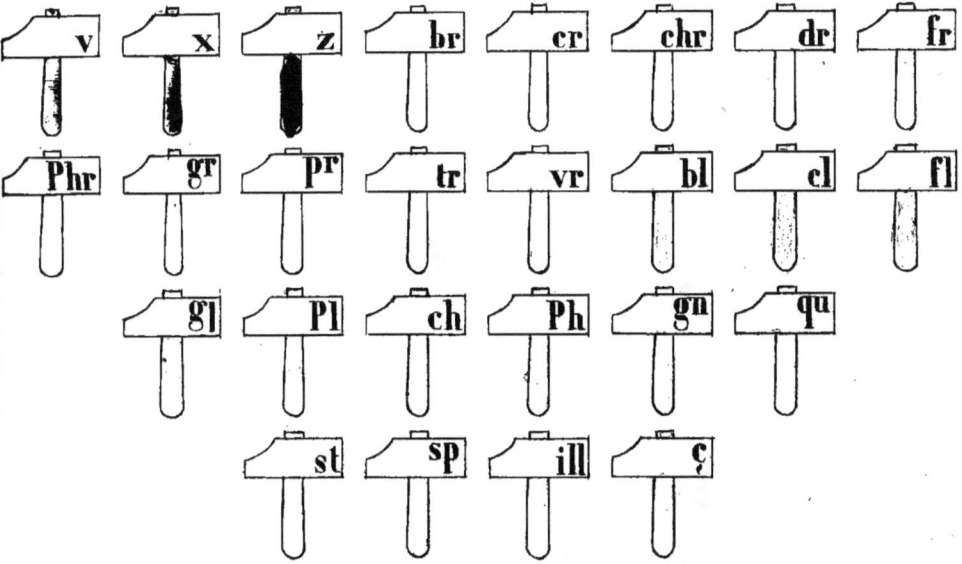

v   x   z   br   cr   chr   dr   fr

Phr   gr   pr   tr   vr   bl   cl   fl

gl   Pl   ch   Ph   gn   qu

st   sp   ill   ç

A E I Y O U   B C D F G H J K L M N P Q R S T V X Z

a e i y o u   b c d f g h j k l m n p q r s t v x z

Lith. Nazgolin. de l'Archevêché, 3. Lyon.

Cette feuille doit être collée sur carton pour que chaque marteau soit découpé.

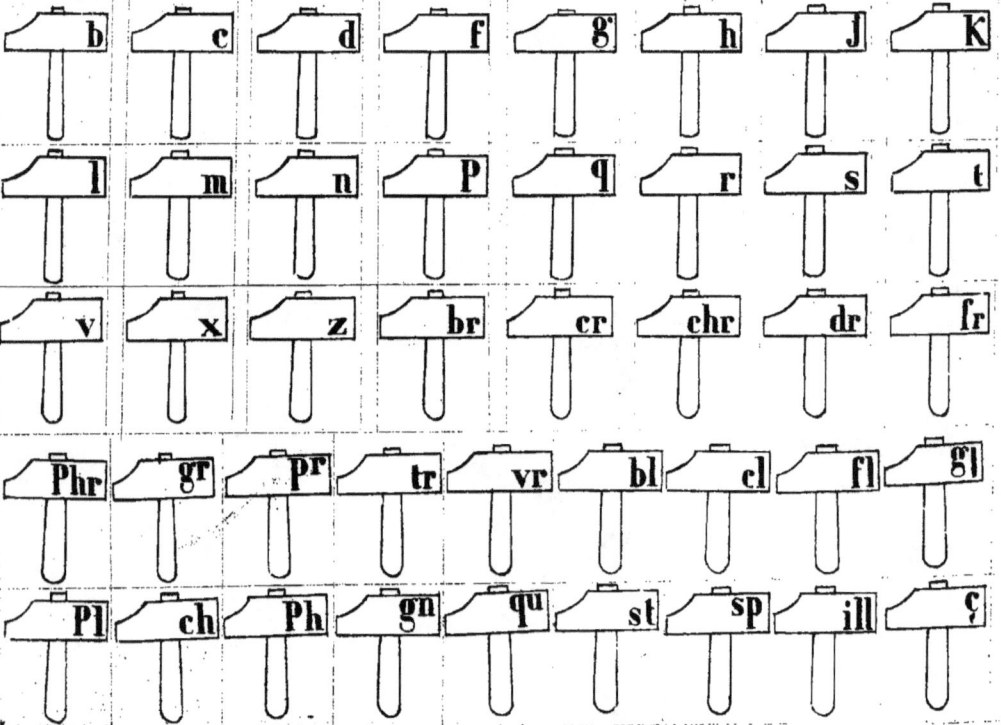

b	c	d	f	g	h	J	K
l	m	n	P	q	r	s	t
v	x	z	br	cr	chr	dr	fr
Phr	gr	pr	tr	vr	bl	cl	fl	gl
Pl	ch	Ph	gn	qu	st	sp	ill	ç

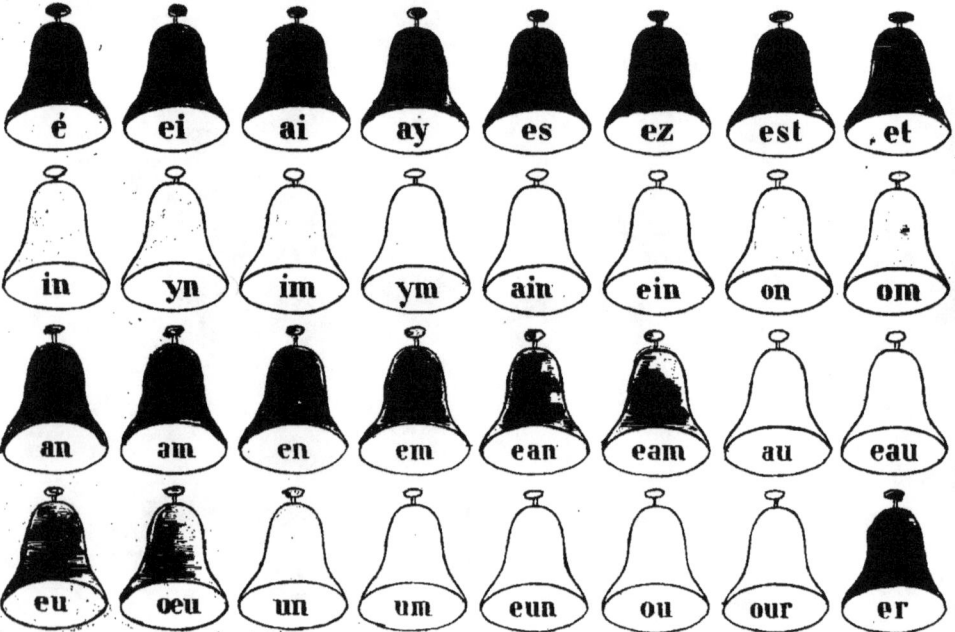

é — ei — ai — ay — es — ez — est — .et

in — yn — im — ym — ain — ein — on — om

an — am — en — em — ean — eam — au — eau

eu — oeu — un — um — eun — ou — our — er

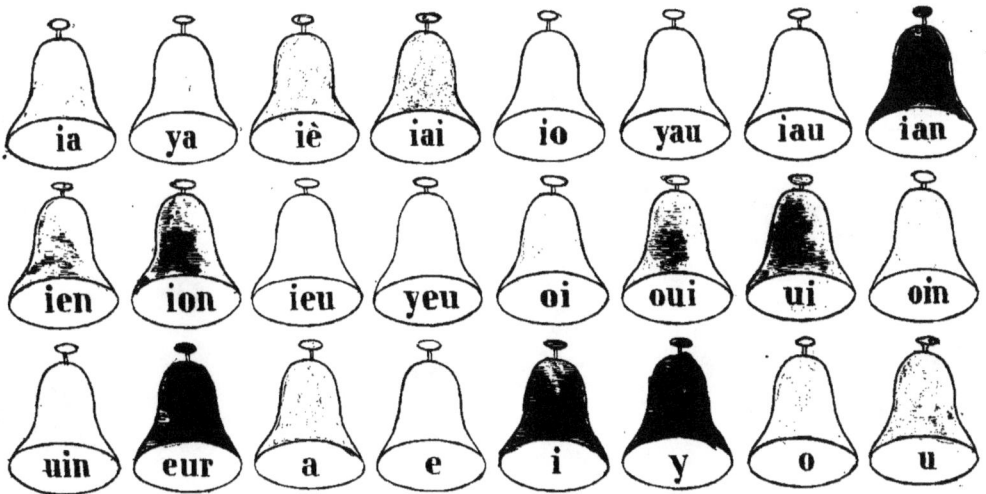

ia	ya	iè	iai	io	yau	iau	ian
ien	ion	ieu	yeu	oi	oui	ui	oin
uin	eur	a	e	i	y	o	u

EXERCICE.

a-é-in-an-en-ia-ien-uin-eur-ion-yeu-eu-am-ym-ei-e—
ai-im-en-un-u-iè-ieu-ay-ym-em-um-iai-ya-oi-io-eun—
ean-au-ain-es-i-y-ean-ez-o-ein-ou-om-est-on-our-
iau-oin-yau-et-oui-ui-ian-er-eau.

Lith. Naegelin, r. de l'Archevêché, 3. Lyon.

3ᵉ TABLEAU.

DE LA PRIVATION DE TOUTE CONSOLATION.

Ce-lui qui goû-te les con-so-la-tions de Dieu n'a pas de pei-ne à mé-pri-ser ce-lles des ho-mmes.

Mais c'est u-ne gran-de et ra-re ver-tu que de se pa-sser des con-so-la-tions di-vi-nes et hu-mai-nes, et de sou-te-nir vo-lon-tiers, pour la gloi-re de Dieu, l'e-xil où se trou-ve quel-que-fois no-tre cœur, sans se re-cher-cher soi-mê-me en rien, et sans e-xa-mi-ner si on le mé-ri-te ou non.

Qu-elle mer-veille que vous sen-tiez de la joie et de la dé-vo-tion lor-sque la grâ-ce vous vi-si-te? c'est un mo-ment que tout le mon-de sou-hai-te.

C'est u-ne dou-ce et a-gré-a-ble voi-tu-re que la grâ-ce de Dieu ; et il nefaut pas s'é-to-nner que l'on ne trou-ve rien de pe-sant, lor-squ'on est sou-te-nu par le Tout-Pui-ssant, et qu'on est con-duit par le souve-rain gui-de.

Nous so-mmes bien ai-ses de trou-ver quel-que cho-se qui nous con-so-le, et l'ho-mme a pei-ne de se dé-pou-iller de soi-mê-me.

Le saint mar-tyr Lau-rent sur-mon-ta le siè-cle et l'a-mour qu'il a-vait pour son E-vê-que, par-ce qu'il mé-pri-sa tout ce qui lui pa-rai-ssait de plus a-gré-a-ble au mon-de, et il sou-ffrit pai-si-ble-ment, pour l'a-mour de Jé-sus-Christ, d'ê-tre sé-pa-ré du sou-ve-rain pon-ti-fe saint Six-te qu'il ai-mait ten-dre-ment.

Ain-si l'a-mour du Cré-a-teur vain-quit en lui l'a-mour de l'ho-mme, et il pré-fé-ra le bon plai-sir de Dieu à u-ne con-so-la-tion qui n'é-tait qu'hu-mai-ne. A-ppre-nez de mê-me à qui-tter pour l'a-mour de Dieu, l'a-mi qui vous est le plus cher et le plus u-ti-le.

Ne vous fâ-chez pas non plus qu'un a-mi vous a-ban-do-nne, puis-qu'il faut qu'un jour nous nous sé-pa-rions tous les uns des au-tres.

4ᵉ TABLEAU.

DE L'AMOUR DE JÉSUS SUR TOUTES CHOSES.

Heu-reux ce-lui qui con-çoit bien ce que c'est d'ai-mer Jé-sus et se mé-pri-ser soi-mê-me pour Jé-sus !

Il faut pour ce Bien-Ai-mé, qui-tter tout au-tre a-mi, par-ce que Jé-sus veut ê-tre ai-mé seul par-de-ssus tou-tes cho-ses.

L'a-mour de la cré-a-tu-re est trom-peur et varia-ble : l'a-mour de Jé-sus est fi-dè-le et per-sé-vé-rant.

Ce-lui qui s'a-tta-che à la cré-a-tu-re tom-be-ra a-vec un a-ppui si fra-gi-le : ce-lui qui s'a-tta-che à Jé-sus se-ra pour tou-jours i-né-bran-la-ble.

Ai-mez et con-ser-vez pour a-mi ce-lui qui ne vous qui-tte-ra pas lor-sque tous les au-tres vous au-ront a-ban-do-nné, et qui ne per-met-tra ja-mais que vous pé-ri-ssiez.

Car il faut qu'un jour vous soy-ez sé-pa-ré de tout, soit que vous le vou-liez ou non.

A-tta-chez-vous à Jé-sus pen-dant la vie et à la mort, et re-po-sez-vous sur la fi-dé-li-té de ce-lui qui peut seul vous a-ssi-ster quand tous les au-tres vous man-que-ront.

Vo-tre Bien-Ai-mé est tel qu'il ne peut sou-ffrir de rival. Il veut seul po-ssé-der vo-tre cœur, et s'y a-sseoir comme un roi sur son trône.

Si vous sa-viez bien ren-dre vo-tre â-me vi-de de tout a-mour des cré-a-tu-res, Jé-sus pren-drait plai-sir à de-meu-rer avec vous.

Com-ptez pour per-du tout ce que vous do-nnez aux ho-mmes, et qui n'est point pour Jé-sus.

Ne vous fiez et ne vous a-ppuy-ez point sur un ro-seau plein de vent, par-ce que tou-te chair n'est que du foin, et que tou-te sa gloi-re tom-be-ra co-mme la fleur du foin.

Vous se-rez bien-tôt trom-pé si vous ne vous a-rrê-tez qu'aux a-ppa-ren-ces ex-té-rieu-res des ho-mmes; et en cher-chant dans les au-tres du pro-fit et de la con-so-la-tion, vous n'y trou-ve-rez le plus sou-vent que vo-tre do-mma-ge.

5ᵉ **TABLEAU.**

DE LA CONSIDÉRATION DE SOI-MÊME.

Nous ne devons pas trop nous fier à nous-mêmes, parce que souvent nous manquons d'intelligence et de grâce.

Nous avons peu de lumière, et ce peu même se perd bientôt par notre négligence.

Souvent aussi nous ne nous apercevons pas de l'aveuglement de notre âme. Souvent nous faisons mal, et nous nous en excusons encore plus mal.

2

C'est quelquefois la passion qui nous fait agir, et nous croyons que c'est un bon zèle.

Nous reprenons de petites fautes dans les autres, et nous en passons en nous de beaucoup plus grandes.

Nous sommes assez prompts à ressentir et à peser ce que nous endurons des autres; mais nous ne prenons pas garde à ce que les autres souffrent de nous.

Quiconque examinerait avec droiture ses propres défauts, n'aurait pas sujet de juger désavantageusement d'autrui.

L'homme intérieur préfère le soin de soi-même à tout autre soin; et celui qui est appliqué à veiller sur soi s'abstient aisément de parler des autres.

Vous ne serez jamais intérieur et dévot, si vous ne gardez le silence sur tout ce qui regarde votre prochain, pour n'avoir d'autre attention que sur vous-même.

Si vous ne vous occupez que de Dieu et de vous-même, vous serez peu touché de tout ce qui vous vient d'ailleurs.

Où êtes-vous, quand vous n'êtes pas présent à vous? et quand vous aurez parcouru tout le reste, qu'en retirerez-vous, si vous vous négligez vous-même?

Pour jouir de la paix et d'une véritable union avec Dieu, il faut que vous vous regardiez seul, et que vous comptiez pour rien tout le reste.

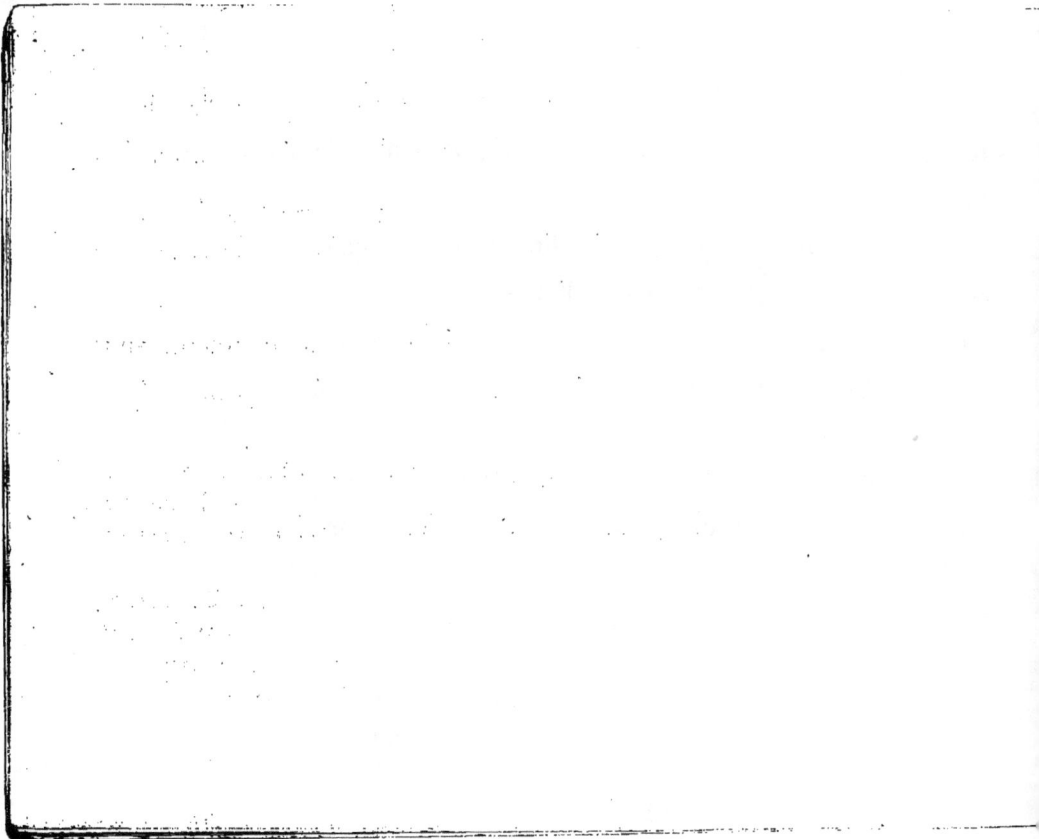

CE QUE L'ON DOIT A DIEU, AU PROCHAIN ET A SOI-MÊME.

Le soleil et les innombrables étoiles qui brillent et se meuvent dans le vaste espace des cieux, la beauté et les merveilles de l'univers, tout nous dit qu'il y a un Dieu.

C'est lui, mes chers enfants, qui, par sa toute-puissance, a tout créé ; nous lui devons donc notre existence et la faveur d'être sa créature la plus parfaite.

Il nous a donné la parole et l'intelligence qui nous distinguent des animaux ; pour ces immenses bienfaits, nous devons l'aimer comme l'Auteur de notre être. Nous lui devons tout.

Il est juste ; il récompense le mérite et la vertu ; il punit le vice et les mauvaises actions, et n'a de prédilection que pour ceux qni l'aiment.

Votre bonheur, mes enfants, ne peut venir que de Celui qui vous a créés ; il vous envoie à son gré la richesse ou la pauvreté, la maladie ou la santé, la joie ou les pleurs ; il connaît vos besoins de chaque jour ; adressez-lui donc tous les jours votre humble prière, et vous obtiendrez de sa bonté ce que vous lui demanderez de juste et de raisonnable.

Nous avons tous été créés à l'image de Dieu, et par conséquent nous sommes tous frères ; nous devons donc nous aimer les uns les autres et nous entr'aider mutuellement dans nos besoins.

Pour aimer son prochain comme soi-même, il ne faut pas seulement l'aider dans ses besoins, il ne faut rien faire, rien dire contre lui. Sachez, mes amis, que le médisant est toujours haï.

Après Dieu, votre père et votre mère doivent tenir la première place dans votre cœur ; n'oubliez jamais que vous leur devez amour, aide et protection, surtout dans leur vieillesse. Supportez leurs défauts, et ne les attristez jamais.

Travaillez sans cesse ; fuyez l'oisiveté, mère de tous les vices ; souvenez-vous de cette maxime : L'homme est né pour travailler comme l'oiseau pour voler.

Le vieillard a l'expérience sur la jeunesse, écoutez avec douceur et déférence les avis et les conseils qu'il peut vous donner.

Ne faites jamais à autrui ce que vous ne voudriez pas que l'on vous fît.

Les animaux sentent et souffrent ; ne soyez pas cruels envers eux. Celui qui les maltraite sans besoin est un méchant.

Tenez votre parole et ne la donnez pas inconsidérément.

Soulagez autant que vous le pouvez celui qui souffre.

Soyez le protecteur de la veuve et de l'orphelin.

Oubliez les injures, souvenez-vous des bienfaits.

Payez celui qui a travaillé pour vous, sans rien lui retenir de son salaire.

Si vous pouvez donner à celui qui vous demande, ne le renvoyez pas au lendemain.

Cherchez dans les bonnes actions et les bons procédés, les moyens d'acquérir l'estime des honnêtes gens.

L'homme de bien n'est jamais malheureux, et il est le plus libre s'il n'est l'esclave de ses passions.

N'accusez pas les autres de vos malheurs, sachez qu'ils viennent de vous; travaillez à les réparer.

Soyez sobres; l'intempérance est un vice honteux; on ne fait jamais bien son ouvrage si on a trop pris de nourriture.

Ne parlez pas trop; soyez prodigues de votre temps.

Si vous le voulez sérieusement, vous vaincrez vos penchants, vous résisterez à tels autres.

Pour devenir savant dans votre métier, étudiez tout ce qui se rapporte à votre profession.

Pour conserver la santé, il faut être frugal et tempérant, et pour ne pas craindre l'éternité, il faut être juste et sage.

DE LA PRÉSENCE DE DIEU.

Mes chers enfants, Dieu est au ciel, sur la terre et en tout lieu; il voit tout, il entend tout, et connaît tout jusqu'à nos plus secrètes pensées.

Vous pouvez vous dérober à vos parents, à vos maîtres, quand vous n'avez pas rempli votre devoir envers eux; mais à Dieu, jamais, puisqu'il remplit de sa présence le ciel et la terre.

Ce que vous pouvez faire dans la plus profonde solitude, dans les plus noires ténèbres, Dieu le voit; il sait même ce que vous pensez; il connaît tous les plis et replis de votre cœur; il entend tout ce que vous pouvez dire de plus secret; rien, en un mot, n'échappe à son regard.

Le nombre des gouttes d'eau qu'il y a dans les mers, le nombre des grains de sable qui sont sur la terre, les feuilles qui sont dans les forêts, les animaux qui vivent dans les airs, dans les eaux, et sur et dans la terre lui sont connus.

Le plus petit espace de la terre et des cieux ne peut lui être caché; sa présence embrasse l'immensité tout entière de l'espace.

Dieu connaît le passé, le présent et l'avenir ; il sait tout, et il l'a toujours su de toute éternité.

Si donc, mes chers enfants, vous faites une bonne action, il la voit ; si vous êtes sages, il
le sait. Mais si vous avez le malheur d'être méchants, il le sait de même. Si vous commettez
une mauvaise action, il la voit aussi.

Ne faites donc rien devant lui de ce que vous rougiriez de faire devant les hommes.

Dieu est infiniment bon pour ceux qui le servent, pour ceux qui ne font rien pour lui déplaire ; mais il est terrible et sévère pour ceux qui l'offensent et méprisent ses commande-
ments ; il vaudrait mieux pour eux n'avoir jamais existé.

Je ne comprends pas qu'on puissse déplaire volontairement à son Créateur, à son Dieu, à ce
bon Père qui a tout fait pour ses enfants, jusqu'à mourir sur une croix ; quand il est si glorieux d'être sage, si glorieux de faire la volonté de ce Dieu si bon, si tendre, toujours prêt
à pardonner le coupable qui revient sincèrement à lui. Aimez-le donc bien ce tendre Père,
mes chers amis ; qu'à la seule pensée de son amour vous soyez heureux, que vos cœurs se
dilatent, et comme la fleur ouvre son sein aux doux rayons du soleil du printemps, vos
cœurs s'épanouissent aux rayons de son amour.

Quand vous serez tentés d'offenser Dieu, dites : Dieu me voit ; Dieu m'entend ; non, je ne
ferai pas cette action qui lui déplaît ; non, je ne dirai pas des paroles qui blesseraient ses

oreilles ; il m'aime , je ne saurais lui déplaire ; au contraire , je dois et je veux l'aimer de tout mon amour et par dessus tout.

Oh! mes chers amis , si vous méditez bien la lecture que vous venez de faire, et si vous mettez en pratique ce qu'elle contient , vous serez des anges sur cette terre et chérubins dans le ciel , c'est ce que je vous souhaite.

PRÉCEPTES.

Souvenez-vous, mes chers enfants, que vos maîtres tiennent auprès de vous la place de vos parents.

En aimant ceux qui vous aiment, vous ne pouvez refuser votre affection à ceux qui vous prouvent tous les jours, par leurs soins pour vous , qu'ils vous sont attachés.

Pensez souvent à la dette sacrée que vous contractez envers ceux qui vous donnent amitié, aide et lumières.

L'arbre n'est pas ingrat envers le jardinier qui prend soin de lui ; ne le soyez pas pour ceux qui prennent tant de peine pour vous.

La soumission est douce et agréable quand on comprend les bonnes intentions de ceux qui s'intéressent pour nous. Appliquons-nous à les connaître.

C'est en obéissant promptement à ceux qui ont droit à nous commander qu'on s'épargne bien des chagrins.

Au lieu de craindre votre maitre, essayez de vous rapprocher de lui; sa familiarité aura sans doute des charmes et des avantages pour vous, que vous ne pouvez soupçonner.

Quand l'élève et le maitre marchent de concert, le succès est certain. Le cheval qui gagne le prix à la course, le doit souvent plus à l'habileté de son guide qu'à la vitesse de ses jambes.

Toutes les fois que vous tàcherez de vous rendre agréables à vos parents, à vos maitres, votre conscience vous dira que votre intention doit compter auprès de Dieu.

Tous les hommes se prosternent devant Dieu, leur Père et leur Maitre.

Soyez humbles de cœur, et à aucune époque de votre vie vous ne refuserez de rendre à une autorité tutélaire votre tribut d'obéissance.

Plus vous serez élevés par votre position ou par votre aisance, plus vous devez avoir soin d'être doux, affectueux et obligeants envers ceux de vos semblables qui sont d'un rang inférieur et moins bien partagés, quant aux biens de la fortune.

DE L'EMPLOI DU TEMPS.

Le temps fuit avec vitesse, les moments, les heures, les jours, les mois, les années, les siècles se succèdent avec rapidité.

Vous le voyez, mes enfants, le temps s'écoule et les moments se pressent comme les eaux d'un torrent.

Le cours du temps ne peut s'arrêter; il marche sans cesse, et, comme une ombre, nous passons avec lui. Ne le perdez pas en l'employant mal.

On ne peut plus rattraper le temps perdu; sa perte est irréparable.

Le passé ne peut plus nous appartenir et l'avenir n'est pas à nous. Nous n'avons que le présent, mais il est si court qu'il nous échappe.

La vie n'est qu'un de ces moments qui se succèdent; perdre son temps c'est perdre cette partie-là même de la vie.

Faites donc en sorte, mes enfants, d'être bien attentifs aux leçons de vos maîtres et d'en profiter.

LE PRINTEMPS.

La saison du Printemps est assurément la plus douce et la plus agréable des quatre sœurs qui forment ensemble les douze mois de l'année. A son approche les neiges et les glaces disparaissent; l'hiver s'enfuit vers le nord. La nature se ranime et s'embellit. Le ruisseau ne dort plus sous sa couverture de glace, ses eaux coulent sur des cailloux de cristal avec un doux murmure qui charme.

Le soleil brille dans un ciel serein, et la terre se pare de sa robe virginale.

Les arbres et les plantes se couvrent de feuilles d'une aimable verdure, et l'air s'embaume de parfums les plus suaves.

Nos parterres s'émaillent de fleurs printannières; la rose églantine fleurit dans les quinconces, l'aubépine dans les haies, la bruyère et le genêt sur les coteaux, le bouton d'or dans les prairies, le coquelicot dans les champs, la violette dans le gazon, et la primevère partout.

Mille petites fleurs s'élèvent du milieu de l'herbe; de petits insectes bourdonnent autour d'elles; la fourmi laborieuse commence à approvisionner ses greniers; l'abeille voltige de fleur en fleur puiser dans leur calice son doux miel ; une foule d'arbres et de plantes nuancent la campagne de leurs mille couleurs.

L'aimable rossignol, la douce fauvette, le gai pinson, remplissent l'air de leurs chants mélodieux pour bénir Dieu des beaux jours qu'il nous donne. L'hirondelle s'empresse de rebâtir son nid dégarni. Les troupeaux bondissant quittent leurs étables pour aller paitre l'herbe renaissante.

C'est dans cette saison qu'on fait des promenades délicieuses, où tous les objets charment nos yeux, où l'esprit contemple avec ravissement l'œuvre du Tout-Puissant.

Tout dans cette belle nature renaissante semble s'apprêter pour une fête et travailler pour donner à l'homme un festin et charger sa table de fleurs et de fruits.

La plupart des fleurs se changeront en fruits et à toutes ces délices s'ajouteront d'autres délices nouvelles.

Ce que le Printemps est à l'année, mes enfants, votre âge l'est à la vie, c'est la saison des grâces et des fleurs ; mais ces fleurs nous promettent des fruits et ces grâces du bonheur.

Pour vos parents bien-aimés, soyez ce qu'est pour l'homme un heureux Printemps ; soyez leur joie, embellissez tous leurs jours.

Semez à pleines mains les fleurs sous leurs pas, c'est le vœu de la nature et l'ordre du Créateur.

Dans la maturité de l'âge, vous leur donnerez ces fruits qu'ils ont droit d'attendre de vous ; que leur vieillesse trouve un abri sous votre ombrage et un secours dans leurs besoins.

L'ÉTÉ.

Le Printemps fait place à l'Eté. Les chaleurs sont devenues fortes et quelquefois excessives. Alors l'homme occupé dans les champs est obligé d'interrompre son travail et de se reposer à l'ombre de quelque arbre touffu.

Le berger et son troupeau cherchent l'ombre et le frais.

Le gazon se flétrit, l'herbe des prairies perd sa verdure et se fane sur sa tige desséchée.

Les plantes languissent et semblent demander en défaillant, un peu de cette pluie du ciel qui doit leur rendre la vigueur.

Les ruisseaux desséchés ne murmurent plus, et la rivière laisse couler sans bruit le reste de ses eaux.

L'oiseau ne chante plus sous la feuillée, tout parait dormir. Mais la nature ne dort pas : c'est comme une nouvelle création qui se prépare dans le silence.

Bientôt une pluie rafraîchissante tombe du ciel et par sa bienfaisante vertu donne à tout une vigueur et une beauté nouvelles.

La nature sourit alors avec grâce : les fleurs se relèvent sur leurs tiges humectées, à toutes les feuilles sont suspendues comme des perles liquides, et les oiseaux gazouillent à l'envi un chant de réjouissance.

Peu à peu les rayons du soleil reprennent leur force quelque temps suspendue, et colorent de leurs feux les moissons jaunissantes.

Sans ces chaleurs, que d'abord on trouve si incommodes, si fatigantes, les fruits resteraient toujours verts et sans suc.

La figue sucrée, la pêche fondante, la prune diaprée, le raisin si doux, la pomme, la poire n'auraient qu'un goût âpre, sans parfum ni saveur.

L'enfant au berceau vit de lait, plus tard il lui faut une nourriture plus forte.

Une chaleur douce avec des pluies moins rares au Printemps sont comme le lait des fruits à leur naissance ; plus tard, avec moins de pluie et plus de chaleur, ils reçoivent une nourriture plus forte.

Admirez, mes enfants, cette sage économie de la Providence divine qui fait tout concourir à ses fins.

Reconnaissez-la, adorez-la dans tous les événements de la vie, et marchez avec confiance et amour sous sa main puissante et paternelle.

L'AUTOMNE.

Les jours de l'Automne ont chassé les feux de l'Eté ; le soleil a perdu ses rayons brûlants.

Le Printemps nous a servi de passage à la saison des chaleurs ; l'Automne, comme un Printemps nouveau, va nous en servir aux froids de l'Hiver.

Le passage subit des ténèbres à une vive lumière, ou d'une vive lumière à de profondes ténèbres, serait pernicieux à notre vue et, peut-être aussi, effrayant pour nos esprits.

Le passage subit d'un froid rigoureux à une extrême chaleur, ou d'une chaleur ardente à un froid excessif, serait mortel pour nous, et la nature entière y succomberait.

Nouvelle et touchante preuve, mes enfants, de la bonté de cette Providence qui gouverne le monde et nous protége avec tant de soin.

Vous avez vu les arbres chargés de fleurs que le Printemps avait fait éclore.

Vous les voyez en Automne, chargés de fruits que l'Eté a fait mûrir. La nature les répand à pleines mains, et l'abondance règne partout.

Admirez, mes enfants, ces étonnantes richesses de la divine Providence ; voyez que de choses elle nous prodigue, depuis la fin du Printemps jusqu'à la saison des froids.

3.

Les cerises rafraîchissantes, les fraises, les framboises parfumées, les groseilles à grappes rouges ou blanches, les abricots et les pêches veloutées, les prunes, les melons, les figues, les pommes, les poires de toute espèce, les amandes, les noix, les raisins surtout et le blé, tant d'autres fruits encore, tant d'autres productions, selon les climats divers et les boissons de chaque pays.

Quelque abondants que soient ces biens ne les prodiguez jamais.

L'HIVER.

Après nous avoir donné ses fruits, la terre entre dans le repos, comme épuisée du travail de ses dons.

Elle va s'endormir sous les glaces de l'hiver, mais d'un sommeil d'où elle sortira ensuite avec une vigueur nouvelle, comme s'endort et se réveille l'homme qui se repose la nuit des fatigues du jour.

L'Automne n'est pas encore passé, et déjà les nuits s'allongent aux dépens du jour, appellent les frimas, et, pour les laisser avancer, le soleil voile ses rayons.

Agités par des vents impétueux, les arbres ont perdu leur feuillage; plus de fleurs, presque plus de verdure; toute la campagne est triste et sans beauté.

La nature a quitté son habit de fête; elle n'a plus de parure; et son aspect est sombre comme celui d'un homme abîmé dans la douleur.

C'est comme un deuil général qui nous rappelle à nous que tous nos jours non plus, ne sont pas des jours de plaisir et de joie ;

Que la tristesse pèse aussi quelquefois sur l'homme, que la jeunesse passe comme les belles saisons, et que la vieillesse vient aussi en son temps avec ses glaces.

Vous trouverez bien dure, mes enfants, cette saison de l'Hiver, quand la neige couvre la terre, qu'il souffle un vent glacial, qu'un froid piquant vous pénètre et vous tient tout engourdis.

Cependant l'Hiver a, comme l'Eté, ses avantages. Les froids purifient l'air des vapeurs mauvaises que les chaleurs avaient développées; et, sans l'agitation que les vents y produisent, souvent il y aurait des miasmes qui causeraient bien des maladies.

Pendant cette saison, l'habitant des campagnes, alors occupé à des travaux moins pénibles, se repose des fatigues précédentes et reprend de nouvelles forces, outre que l'action du froid augmente la vigueur des corps affaiblis par les chaleurs de l'Eté.

29

HYMNE DE L'ENFANT A SON RÉVEIL.

O Père qu'adore mon père !
Toi qu'on ne nomme qu'à genoux !
Toi dont le nom terrible et doux
Fait courber le front de ma mère !

On dit que ce brillant soleil
N'est qu'un jouet de ta puissance ,
Que sous tes pieds il se balance
Comme un lampe de vermeil.

On dit que c'est toi qui fais naître
Les petits oiseaux dans les champs ,
Et qui donne aux petits enfants
Une âme aussi pour te connaître !

On dit que c'est toi qui produis
Les fleurs dont le jardin se pare;
Et que, sans toi, toujours avare,
Le verger n'aurait point de fruits.

Aux dons que ta bonté mesure
Tout l'univers est convié ;
Nul insecte n'est oublié
A ce festin de la nature.

L'agneau broute le serpolet;
La chèvre s'attache au cytise;
La mouche, au bord du vase, puise
Les blanches gouttes de mon lait !

L'alouette a la graine amère
Que laisse envoler le glaneur ;
Le passereau suit le vanneur ;
Et l'enfant s'attache à sa mère.

Et pour obtenir chaque don ,
Que chaque jour tu fais éclore ,
A midi , le soir , à l'aurore ,
Que faut-il ? prononcer ton nom.

O Dieu ! ma bouche balbutie
Ce nom des anges redouté.
Un enfant même est écouté
Dans le cœur qui te glorifie !

On dit qu'il aime à recevoir
Les vœux présentés par l'enfance ,
A cause de cette innocence
Que nous avons sans le savoir.

On dit que leurs humbles louanges
A son oreille montent mieux ;
Que les anges peuplent les cieux ,
Et que nous ressemblons aux anges.

Ah ! puisqu'il entend de si loin
Les vœux que notre bouche adresse ,
Je veux lui demander sans cesse
Ce dont les autres ont besoin.

Mon Dieu , donne l'onde aux fontaines ,
Donne la plume aux passereaux ,
Et la laine aux petits agneaux ,
Et l'ombre et la rosée aux plaines.

Donne au malade la santé ,
Au mendiant le pain qu'il pleure ,
A l'orphelin une demeure ,
Au prisonnier la liberté.

31

Donne une famille nombreuse
Au père qui craint le Seigneur ;
Donne à moi sagesse et bonheur,
Pour que ma mère soit heureuse !

Que je sois bon, quoique petit,
Comme cet enfant dans le temple,
Que chaque matin je contemple
Souriant au pied de mon lit.

Mets dans mon âme la justice,
Sur mes lèvres la vérité ;
Qu'avec crainte et docilité
Ta parole en mon cœur mûrisse !

Et que ma voix s'élève à toi
Comme cette douce fumée
Que balance l'urne embaumée
Dans la main d'enfants comme moi !

DE LAMARTINE.

LE PETIT SAVOYARD A PARIS.

J'ai faim, vous qui passez, daignez me secourir,
Voyez : la neige tombe, et la terre est glacée.
J'ai froid : le vent se lève et l'heure est avancée,
Et je n'ai rien pour me couvrir.

Tandis qu'en vos palais tout flatte votre envie,
A genoux sur le seuil, j'y pleure bien souvent.
Donnez : peu me suffit; je ne suis qu'un enfant;
　　Un petit sou me rend la vie.

On m'a dit qu'à Paris je trouverais du pain;
Plusieurs ont raconté dans nos forêts lointaines
Qu'ici le riche aidait le pauvre dans ses peines.
Hé bien! moi, je suis pauvre, et je vous tends la main.

　　Faites-moi gagner mon salaire;
Où me faut-il courir? Dites, j'y volerai.
Ma voix tremble de froid; hé bien! je chanterai,
　　Si mes chansons peuvent vous plaire.

　　Il ne m'écoute pas, il fuit;
Il court dans une fête (et j'en entends le bruit)
　　Finir son heureuse journée,
Et moi je vais chercher, pour y passer la nuit,
　　Cette guérite abandonnée.

Au foyer paternel quand pourrai-je m'asseoir ?
    Rendez-moi ma pauvre chaumière,
Le laitage durci qu'on partageait le soir,
Et quand la nuit tombait, l'heure de la prière,
Qui ne s'achevait pas sans laisser quelque espoir.

Ma mère, tu m'as dit, quand j'ai fui ta demeure :
« Pars, grandis et prospère, et reviens près de moi, »
    Hélas ! et, tout petit, faudra-t-il que je meure
    Sans avoir rien gagné pour toi ?

    Non, l'on ne meurt point à mon âge ;
Quelque chose me dit de reprendre courage...
Eh ! que sert d'espérer ?... Que puis-je attendre enfin ?
J'avais une marmotte, elle est morte de faim !

Et faible, sur la terre il reposait sa tête,
Et la neige, en tombant, le couvrait à demi,
Lorsqu'une douce voix, à travers la tempête,
Vint réveiller l'enfant par le froid endormi.

« Qu'il vienne à nous celui qui pleure,
Disait la voix mêlée au murmure des vents ;
L'heure du péril est notre heure :
Les orphelins sont nos enfants. »

Et deux femmes en deuil recueillaient sa misère.
Lui, docile et confus, se levait à leur voix ;
Il s'étonnait d'abord ; mais il vit dans leurs doigts
Briller la croix d'argent au bout du long rosaire ;
Et l'enfant les suivit en se signant deux fois.

LA CIGALE ET LA FOURMI.

La Cigale ayant chanté
    Tout l'été,
Se trouva fort dépourvue
Quand la bise fut venue.

Pas un seul petit morceau
De mouche ou de vermisseau.
Elle alla crier famine
Chez la Fourmi sa voisine,

La priant de lui prêter
Quelque grain pour subsister
Jusqu'à la saison nouvelle.
Je vous paîrai, lui dit-elle,
Avant l'oùt, foi d'animal,
Intérêt et principal.
La Fourmi n'est pas prêteuse :

C'est là son moindre défaut.
Que faisiez-vous au temps chaud?
Dit-elle à cette emprunteuse.
— Nuit et jour à tout venant
Je chantais, ne vous déplaise.
— Vous chantiez, j'en suis fort aise,
Et bien, dansez maintenant.

LE RAT DE VILLE ET LE RAT DES CHAMPS.

Autrefois le Rat de ville
Invita le Rat des champs,
D'une façon fort civile,
A des reliefs d'ortolans.

Sur un tapis de Turquie
Le couvert se trouva mis.

Je laisse à penser la vie
Que firent ces deux amis.

Le régal fut fort honnête :
Rien ne manquait au festin ;
Mais quelqu'un troubla la fête
Pendant qu'ils étaient en train.

A la porte de la salle
Ils entendirent du bruit.
Le Rat de ville détale ,
Son camarade le suit.

Le bruit cesse , on se retire :
Rats en campagne aussitôt ;
Et le citadin de dire :
Achevons tout notre rôt.

C'est assez, dit le rustique ;
Demain , vous viendrez chez moi ;
Ce n'est pas que je me pique
De tous vos festins de roi.

Mais rien ne vient m'interrompre ,
Je mange tout à loisir :
Adieu donc. Fi du plaisir
Que la crainte peut corrompre !

LE CORBEAU ET LE RENARD.

Maître Corbeau sur un arbre perché ,
Tenait en son bec un fromage :
Maître Renard , par l'odeur alléché ,
Lui tint à peu près ce langage :
Hé ! bonjour, monsieur du Corbeau !

Que vous êtes joli! que vous me semblez beau!
  Sans mentir, si votre ramage
  Se rapporte à votre plumage,
Vous êtes le phénix des hôtes de ces bois.
A ces mots le Corbeau ne se sent pas de joie;
  Et pour montrer sa belle voix,
Il ouvre un large bec, laisse tomber sa proie.
Le Renard s'en saisit, et dit : Mon bon monsieur,
  Apprenez que tout flatteur
  Vit aux dépens de celui qui l'écoute :
Cette leçon vaut bien un fromage, sans doute.
  Le Corbeau, honteux et confus,
Jura, mais un peu tard, qu'on ne l'y prendrait plus.

LE LOUP ET L'AGNEAU.

La raison du plus fort est toujours la meilleure :
Nous l'allons montrer tout à l'heure.
   Un Agneau se désaltérait
Dans le courant d'une onde pure.
Un Loup survient à jeun qui cherchait aventure,
Et que la faim en ces lieux attirait.
Qui te rend si hardi de troubler mon breuvage ?
    Dit cet animal plein de rage ;
Tu seras châtié de ta témérité.
Sire, répond l'Agneau, que votre majesté
   Ne se mette pas en colère,
   Mais plutôt qu'elle considère
   Que je me vas désaltérant
      Dans le courant,

Plus de vingt pas au-dessous d'elle ,
Et que par conséquent en aucune façon
  Je ne puis troubler sa boisson.
Tu la troubles, reprit cette bête cruelle ;
Et je sais que de moi tu médis l'an passé.
Comment l'aurais-je fait si je n'étais pas né ?
Reprit l'Agneau, je tette encor ma mère.
— Si ce n'est toi, c'est donc ton frère ;
— Je n'en ai point. — C'est donc quelqu'un des tiens ;
Car vous ne m'épargnez guère,
Vous , vos bergers et vos chiens.
On me la dit. Il faut que je me venge.
  Là-dessus, au fond des forêts
  Le Loup l'emporte, et puis le mange
  Sans autre forme de procès.

LE CHÊNE ET LE ROSEAU.

Le Chêne un jour dit au Roseau :
Vous avez bien sujet d'accuser la nature ;
Un roitelet pour vous est un pesant fardeau ;
 Le moindre vent, qui d'aventure
 Fait rider la face de l'eau,
 Vous oblige à baisser la tête ;
Cependant que mon front au Caucase pareil,
Non content d'arrêter les rayons du soleil,
 Brave l'effort de la tempête.
Tout vous est aquilon ; tout me semble zéphir.
Encor si vous naissiez à l'abri du feuillage
 Dont je couvre le voisinage,
 Vous n'auriez pas tant à souffrir ;
 Je vous défendrais de l'orage ;
 Mais vous naissez le plus souvent

Sur les humides bords des royaumes du vent.
La nature envers vous me semble bien injuste.
Votre compassion, lui répondit l'arbuste,
Part d'un bon naturel ; mais quittez ce souci :
Les vents me sont moins qu'à vous redoutables ;
Je plie et ne romps pas. Vous avez jusqu'ici
    Contre leurs coups épouvantables
    Résisté sans courber le dos ;
Mais attendons la fin. Comme il disait ces mots,
Du bout de l'horizon accourt avec furie
    Le plus terrible des enfants
Que le nord eût porté jusque-là dans ses flancs.
    L'Arbre tient bon ; le Roseau plie ;
    Le vent redouble ses efforts,
    Et fait si bien qu'il déracine
Celui de qui la tête au ciel était voisine,
Et dont les pieds touchaient à l'empire des morts.

4

L'HIRONDELLE ET LES PETITS OISEAUX.

Une Hirondelle en ses voyages
Avait beaucoup appris. Quiconque a beaucoup vu ,
   Peut avoir beaucoup retenu.
Celle-ci prévoyait jusqu'aux moindres orages,
   Et devant qu'ils fussent éclos
   Les annonçait aux matelots.
Il arriva qu'au temps où le chanvre se sème ,
Elle vit un manant en couvrir maints sillons.
Ceci ne me plaît pas, dit-elle aux Oisillons,
Je vous plains ; car , pour moi, dans ce péril extrême ,
Je saurais m'éloigner , ou vivre en quelque coin.
Voyez-vous cette main qui par les airs chemine ?
   Un jour viendra qui n'est pas loin ,
Que ce qu'elle répand sera votre ruine.
De là naîtront engins à vous envelopper ,

Et lacets pour vous attraper ,
Enfin mainte et mainte machine ,
Qui causera dans la saison
Votre mort ou votre prison ;
Gare la cage ou le chaudron !
C'est pourquoi , leur dit l'Hirondelle ,
Mangez ce grain et croyez-moi.
Les Oiseaux se moquèrent d'elle ;
Ils trouvaient aux champs trop de quoi.
Quand la chenevière fut verte ,
L'Hirondelle leur dit : Arrachez brin à brin
Ce qu'a produit ce mauvais grain ,
Ou soyez sûrs de votre perte.
Prophète de malheur , babillarde , dit-on ,
Le bel emploi que tu nous donnes !
Il nous faudrait mille personnes
Pour éplucher tout ce canton.
La chanvre étant tout à fait crûe ,
L'Hirondelle ajouta : ceci ne va pas bien :
Mauvaise graine est tôt venue.

Mais puisque jusqu'ici l'on ne m'a cruc en rien,
    Dès que vous verrez que la terre
    Sera couverte, et qu'à leurs blés
    Les gens n'étant plus occupés
    Feront aux Oisillons la guerre,
    Quand reginglettes et réseaux
    Attraperont petits Oiseaux,
    Ne volez plus de place en place;
    Demeurez au logis ou changez de climat;
    Imitez le canard, la grue et la bécasse.
    Mais vous n'êtes pas en état
De passer, comme nous, les déserts et les ondes,
    Ni d'aller chercher d'autres mondes;
C'est pourquoi vous n'avez qu'un parti qui soit sûr :
C'est de vous renfermer aux trous de quelque mur.
    Les Oisillons las de l'entendre,
    Se mirent à jaser aussi confusément,
Que faisaient les Troyens quand la pauvre Cassandre
    Ouvrait la bouche seulement.
    Il en prit aux uns comme aux autres :

Maint Oisillon se vit esclave retenu.
Nous n'écoutons d'instinct que ceux qui sont les nôt
Et ne croyons le mal que quand il est venu.

LE LION ET LE MOUCHERON.

Va-t-en chétif insecte, excrément de la terre !
    C'est en ces mots que le Lion
    Parlait un jour au Moucheron.
    L'autre lui déclara la guerre.
Penses-tu, lui dit-il, que ton titre de roi
    Me fasse peur, ni me soucie ?
    Un bœuf est plus puissant que toi ;
    Je le mène à ma fantaisie.
    A peine il achevait ces mots,
    Que lui-même il sonna la charge,
    Fut le trompette et le héros.

Dans l'abord il se met au large,
Puis prend son temps, fond sur le cou
Du Lion qu'il rend presque fou.
Le quadrupède écume, et son œil étincelle;
Il rugit: on se cache; on tremble à l'environ,
Et cette alarme universelle
Est l'ouvrage d'un Moucheron.
Un avorton de mouche en cent lieux le harcelle,
Tantôt pique l'échine, et tantôt le museau,
Tantôt entre au fond du naseau.
La rage alors se trouve à son faîte montée.
L'invincible ennemi triomphe et rit de voir
Qu'il n'est griffe, ni dent, en la bête irritée,
Qui de la mettre en sang ne fasse son devoir.
Le malheureux Lion se déchire lui-même,
Fait résonner sa queue à l'entour de ses flancs,
Bat l'air qui n'en peut mais, et sa fureur extrême
Le fatigue, l'abat; le voilà sur les dents.
L'insecte du combat se retire avec gloire;
Comme il sonna la charge, il sonne la victoire,

Va partout l'annoncer, et rencontre en chemin
    L'embuscade d'une araignée.
    Il y rencontre aussi sa fin.
Quelle chose par là peut nous être enseignée ?
J'en vois deux, dont l'une est qu'entre nos ennemis
Les plus à craindre sont souvent les plus petits ;
L'autre, qu'aux grands périls tel a pu se soustraire,
    Qui périt pour la moindre affaire.

LE RENARD ET LA CIGOGNE.

Compère le Renard se mit un jour en frais,
Et retint à dîner commère la Cigogne.
Le régal fut petit, et sans beaucoup d'apprêts ;
    Le galant pour toute besogne
Avait un brouet clair ; (il vivait chichement).
Ce brouet fut par lui servi sur une assiette.

La Cigogne au long bec n'en put attraper miette,
Et le drôle eut lapé le tout en un moment.
     Pour se venger de cette tromperie,
A quelque temps de là la Cigogne le prie.
Volontiers, lui dit-il; car avec mes amis
     Je ne fais point cérémonie.
     A l'heure dite il courut au logis
     De la Cigogne son hôtesse,
     Loua très-fort sa politesse,
     Trouva le dîner cuit à point,
Bon appétit surtout, Renards n'en manquent point.
Il se réjouissait à l'odeur de la viande
Mise en menus morceaux, et qu'il croyait friande.
     On servit pour l'embarrasser,
En un vase à long col et d'étroite embouchure;
Le bec de la Cigogne y pouvait bien passer,
Mais le museau du sire était d'autre mesure,
Il lui fallut à jeun retourner au logis,
Honteux comme un Renard qu'une poule aurait pris,
Serrant la queue et portant bas l'oreille.

Trompeurs, c'est pour vous que j'écris,
Attendez-vous à la pareille.

LE POT DE FER ET LE POT DE TERRE.

Le Pot de fer proposa
Au Pot de terre un voyage.
Celui-ci s'en excusa,
Disant qu'il serait plus sage
De garder le coin du feu,
Car il lui fallait si peu,
Si peu, que la moindre chose,
De son débris serait cause,
Il n'en reviendrait morceau.
Pour vous, dit-il, dont la peau
Est plus dure que la mienne,
Je ne vois rien qui vous tienne.

— Nous vous mettrons à couvert,
Repartit le Pot de fer,
Si quelque matière dure
Vous menace d'aventure,
Entre deux je passerai,
Et du coup vous sauverai.
Cet offre le persuade.
Pot de fer son camarade
Se met droit à ses côtés.
Mes gens s'en vont à trois pieds
Clopin clopant comme ils peuvent,
L'un contre l'autre jetés
Au moindre hoquet qu'ils treuvent.
Le Pot de terre en souffre; il n'eut pas fait cent pas
Que par son compagnou il fut mis en éclats,
Sans qu'il eut lieu de se plaindre.
Ne nous associons qu'avec nos égaux,
Ou bien il nous faudra craindre
Le destin d'un de ces Pots.

LE RENARD ET LES RAISINS.

Certain Renard gascon, d'autres disent normand,
Mourant presque de faim, vit au haut d'une treille
    Des raisins mûrs apparemment,
    Et couverts d'une peau vermeille.
Le galant en eut fait volontiers son repas ;
    Mais comme il n'y pouvait atteindre,
Ils sont trop verts, dit-il, et bon pour des goujats.
    Fit-il pas mieux que de se plaindre ?

LA VIEILLE ET LES DEUX SERVANTES.

Il était une vieille ayant deux chambrières,
Elles filaient si bien, que les sœurs filandières
Ne faisaient que brouiller auprès de celles-ci.
La Vieille n'avait point de plus pressant souci
Que de distribuer aux Servantes leur tâche;
Dès que Thétis chassait Phébus aux crins dorés,
Tourets entraient en jeu, fuseaux étaient tirés,
    Deçà, delà, vous en aurez;
    Point de cesse, point de relâche.
Dès que l'aurore, dis-je, en son char remontait,
Un misérable coq à point nommé chantait.
Aussitôt notre Vieille encor plus misérable
S'affublait d'un jupon crasseux et détestable;
Allumait une lampe et courait droit au lit
Où de tout leur pouvoir, de tout leur appétit,

Dormaient les deux pauvres Servantes.
L'une entr'ouvait un œil, l'autre étendait un bras,
    Et toutes deux, très-mécontentes,
Disaient entre leurs dents : Maudit coq, tu mourras.
Comme elles l'avaient dit, la bête fut grippée :
Le réveille-matin eut la gorge coupée.
Ce meurtre n'amenda nullement leur marché :
Notre couple, au contraire, à peine était couché,
Que la Vieille craignant de laisser passer l'heure,
Courait comme un lutin par toute sa demeure.

    C'est ainsi qae le plus souvent,
Quand on pense sortir d'une mauvaise affaire,
    On s'enfonce encor plus avant :
    Témoin ce couple et son salaire.
La Vieille, au lieu du coq. les fit tomber par là
    De Charybde en Scylla.

LA GOUTTE ET L'ARAIGNÉE.

Quand l'enfer eut produit la Goutte et l'Araignée,
Mes filles, leur dit-il, vous pouvez vous vanter
    D'être pour l'humaine lignée
    Egalement à redouter.
Or, avisons aux lieux qu'il vous faut habiter.
    Voyez-vous ces cases étroites,
Et ces palais si grands, si beaux, si bien dorés?
Je me suis proposé d'en faire vos retraites.
    Tenez donc voici deux bûchettes,
    Accommodez-vous, ou tirez.
Il n'est rien, dit l'Araignée aux cases qui me plaise.
L'autre, tout au rebours, voyant les palais pleins
    De ces gens nommés médecins,
Ne crut pas y pouvoir demeurer à son aise.

Elle prend l'autre lot, y plante le piquet,
S'étend avec plaisir sur l'orteil d'un pauvre homme,
Disant : Je ne crois pas qu'en ce poste je chôme
Ni que d'en déloger et faire mon paquet
    Jamais Hippocrate me somme.
L'Araignée cependant se campe en un lambris,
Comme si de ces lieux elle eut fait bail à vie;
Travaille à demeurer. Voilà sa toile ourdie,
    Voilà des moucherons de pris.
Une servante vient balayer tout l'ouvrage.
Autre toile tissue, autre coup de balai.
Le pauvre bestion tous les jours déménage.
    Enfin après un vain essai
Il va trouver la Goutte. Elle était en campagne
    Plus malheureuse mille fois
    Que la plus malheureuse Aragne.
Son hôte la menait tantôt fendre du bois,
Tantôt fouir, houer. Goutte bien tracassée
    Est, dit-on, à demi-pansée.
Oh ! je ne saurais plus, dit-elle, y résister.

Changeons, ma sœur Aragne. Et l'autre d'écouter,
Elle la prend au mot, se glisse en la cabane.
Point de coup de balai qui l'oblige à changer.
La Goutte d'autre part va tout droit se loger
    Chez un prélat qu'elle condamne
    A jamais du lit ne bouger.
Cataplasmes, Dieu sait. Les gens n'ont point de honte
De faire aller le mal toujours de pis en pis.

L'une et l'autre trouva de la sorte son compte,
Et fit très-sagement de changer de logis.

FIN.

LYON. — IMPRIMERIE DE J. B. PÉLAGAUD.

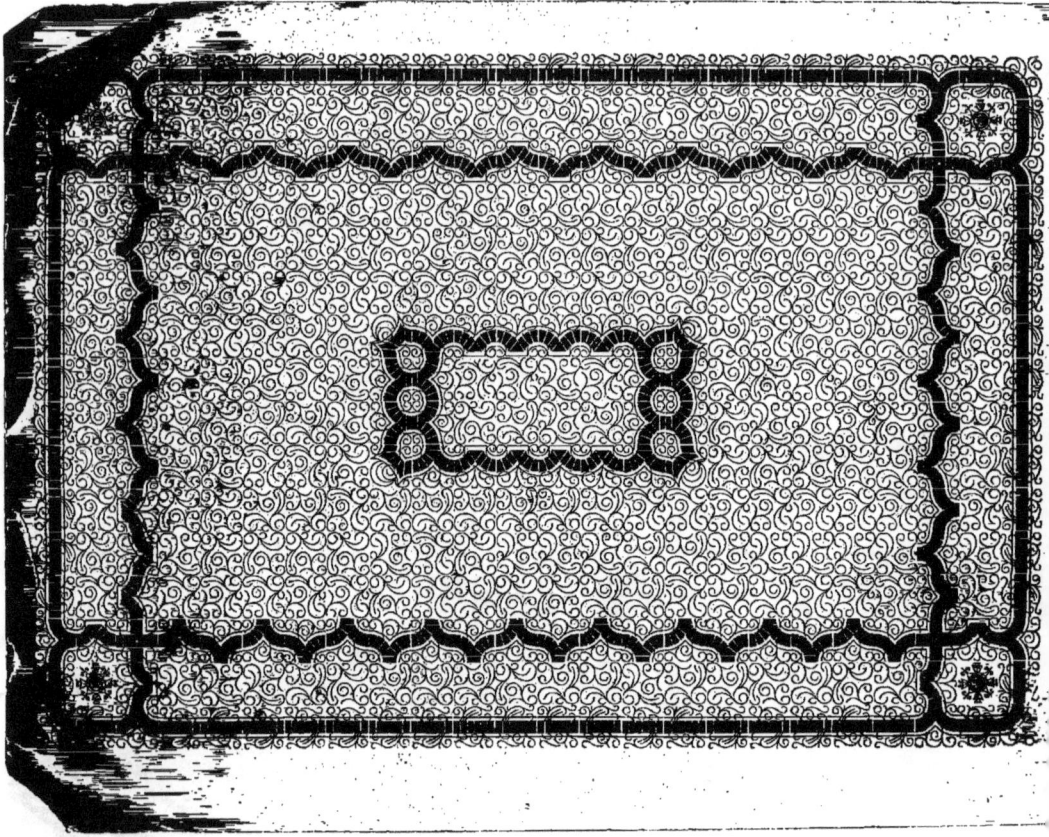

www.ingramcontent.com/pod-product-compliance
Lightning Source LLC
Chambersburg PA
CBHW070915280326
41934CB00008B/1739